Histoires d'enfance

Trop petit… ou assez grand…

- **pour faire la guerre ?**
- **pour travailler ?**
- **pour vivre heureux ?**

Dieu ne regarde pas les apparences, mais le cœur

[D'après 1 Samuel 16,1-13]

* *Découvre le sens de ce mot en page 26.*

Les hommes voient ce qui saute aux yeux, mais le Seigneur voit le coeur.
Jessé fit passer ainsi sept de ses fils devant Samuel.
Le Seigneur n'a choisi aucun d'eux. N'as-tu pas d'autres garçons?
Il reste encore le plus jeune, qui garde les moutons.
Envoie-le chercher.
C'est lui, donne-lui l'onction*
David, Dieu te choisit comme roi pour son peuple.
L'Esprit du Seigneur s'empara de David et fut avec lui dès ce jour-là.

Dieu ne donne pas la victoire par la force

[D'après 1 Samuel 17,4-50]

David, va porter du pain à tes frères sur le champ de bataille.
David voit le géant Goliath et entend son défi.
Le plus fort va gagner !
De quoi avez-vous peur ? J'irais le combattre au nom du Seigneur.
Béni soit le Seigneur qui m'a donné la victoire !
Béni soit le Seigneur qui nous a sauvés.
Le plus fort a perdu, le plus faible a gagné.

Jésus, de la descendance de David

[Luc 2,1-20]

Dieu est étonnant, regarde et lis : il se fait fragile.

1 En ces jours-là, parut un **édit*** de
l'empereur Auguste, ordonnant
de **recenser*** toute la terre — 2 ce
premier recensement eut lieu lorsque
Quirinius était gouverneur de Syrie. —
3 Et chacun allait se faire inscrire dans sa ville
d'origine.
4 Joseph, lui aussi, quitta la ville de Nazareth en
Galilée, pour monter en Judée, à la ville de David

appelée Bethléem, car il était de la maison
et de la descendance de David. 5 Il venait
se faire inscrire avec Marie, son épouse, qui
était enceinte. 6 Or, pendant qu'ils étaient là,
arrivèrent les jours où elle devait enfanter.
7 Et elle mit au monde son fils
premier-né ; elle l'emmaillota et le coucha
dans une mangeoire, car il n'y avait pas
de place pour eux dans la salle commune.

8 Dans les environs se trouvaient des
bergers qui passaient la nuit dans les
champs pour garder leurs troupeaux.
9 L'ange du Seigneur s'approcha, et la gloire du
Seigneur les enveloppa de sa lumière. Ils furent saisis
d'une grande crainte, 10 mais l'ange leur dit : « Ne
craignez pas, car voici que je viens vous annoncer
une bonne nouvelle, une grande joie pour tout le
peuple :
11 Aujourd'hui vous est né un Sauveur, dans la ville
de David. Il est le **Messie***, le Seigneur. 12 Et voilà le
signe qui vous est donné : vous trouverez un
nouveau-né emmailloté et couché dans une
mangeoire. » 13 Et soudain, il y eut avec l'ange
une troupe céleste innombrable, qui louait
Dieu en disant :
14 « Gloire à Dieu au plus haut des cieux,
et paix sur la terre aux hommes qu'il aime. »

15 Lorsque les anges eurent quitté les bergers
pour le ciel, ceux-ci se disaient entre eux :
« Allons jusqu'à Bethléem pour voir ce qui
est arrivé, et que le Seigneur nous a fait
connaître. » 16 Ils se hâtèrent d'y aller, et
ils découvrirent Marie et Joseph, avec le
nouveau-né couché dans la mangeoire.
17 Après l'avoir vu, ils racontèrent ce qui leur
avait été annoncé au sujet de cet enfant.
18 Et tout le monde s'étonnait de ce que
racontaient les bergers.
19 Marie, cependant, retenait tous ces
événements et les méditait dans son cœur.
20 Les bergers repartirent ; ils glorifiaient
et louaient Dieu pour tout ce qu'ils avaient
entendu et vu selon ce qui leur avait été
annoncé.

© Alain Thomas

Nativité, Cathédrale Saint-Pierre-et-Saint-Paul de Nantes

Jésus au milieu de nous comme celui qui sert

[Luc 22,24-27]

Qui est le

24 Les disciples en arrivèrent à se quereller : lequel d'entre eux, à leur avis, était le plus grand ?
25 Mais Jésus leur dit : « Les rois des nations païennes leur commandent en maîtres, et ceux qui exercent le pouvoir sur elles se font appeler bienfaiteurs.
26 Pour vous, rien de tel ! Au contraire, le plus grand d'entre vous doit prendre la place du plus jeune, et celui qui commande, la place de celui qui sert.

lus grand ?

[27] Quel est en effet le plus grand : celui qui est à table,
ou celui qui sert ? N'est-ce pas celui qui est à table ?
Eh bien moi, je suis au milieu de vous comme celui qui
sert. »

Jésus

Pierre et Paul

Capable de s'en sortir tout seul ?
Pas assez grand pour le faire ?
Se croire nul...
Tout le monde connaît dans sa vie des situations plus ou moins faciles à vivre.

À TON AVIS, QUI AIDE QUI ?

C'EST DUR D'ARRIVER D'AILLEURS, JE CONNAIS PERSONNE...
USEMENT
LÀ, DAMIEN,
ER À ENVOYER
S À PAPI.
SANS TOI, J'EN SERAIS BIEN INCAPABLE !
T'ES TROP PETIT !

Les psaumes au cœur de leur vie

Découvre une journée chez les clarisses. La prière des psaumes* rythme leur quotidien, laissant place au travail. Eh oui ! (imprimerie, jardinage, entretien, cuisine, etc.)

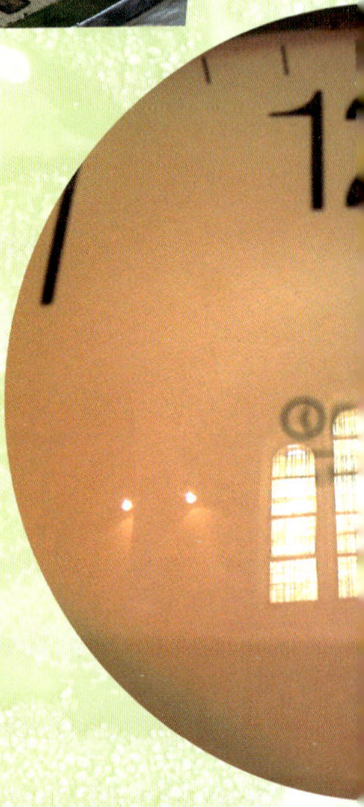

21 h - Complies
Dernier temps de prière avant le coucher. Office des lectures dans la nuit.

19 h - Dîner

Les sœurs chantent des psaumes dans le cloître avant de rejoindre le réfectoire.

18 h - Vêpres
Et adoration.

6 h 30 - Laudes
Première prière des psaumes en commun, suivie d'un temps de prière silencieuse et de la messe.

8 h - Tierce
Et petit-déjeuner.

Après la prière vient le temps du travail...

... jusqu'à l'office du milieu du jour.
11 h 40

12 h - Déjeuner
Avec lecture du journal.

15 h - None
La prière suit le service, la lecture personnelle et la récréation.
Puis c'est à nouveau le temps du travail.

Sainte Thérèse

Une petite fille fragile est devenue une grande sainte.

Si Dieu le veut

Quelle douce joie de penser
que le Bon Dieu est juste,
c'est-à-dire qu'il tient compte
de nos faiblesses, qu'il connaît
parfaitement la fragilité
de notre nature.
De quoi donc aurais-je peur ?

Thérèse

Thérèse Martin est née à Alençon en 1873. C'est la petite dernière, elle a quatre sœurs. Elle a quatre ans quand meurt sa maman. Toute la famille part s'installer à Lisieux. Thérèse reste fragile. Elle pleure pour un rien comme un bébé. À 14 ans, une nuit de Noël, touchée par Jésus, elle comprend qu'elle doit changer. Elle n'est plus triste et sent que Jésus lui donne la force de combattre.

Quelques mois plus tard, Thérèse lit dans le journal qu'un criminel, Pranzini, va être guillotiné. Tous les jours, elle prie pour lui. Elle apprend qu'il a embrassé le crucifix avant de mourir. Pranzini a compris que Dieu l'aime. Thérèse est heureuse, elle a gagné son premier combat. Elle décide de prier pour les autres, sans relâche.

Deux des sœurs de Thérèse sont au Carmel. À quinze ans, Thérèse veut aussi y entrer. L'évêque n'est pas d'accord. Thérèse part à Rome en pèlerinage, avec son père. Elle ose demander au Pape l'autorisation de devenir religieuse. « Si Dieu le veut, cela se fera », lui répond-il. Le 9 avril 1888, la jeune fille de 15 ans, décidée, entre au Carmel de Lisieux.

cela se fera.

Thérèse se prépare à sa nouvelle vie. Puis elle reçoit son habit de religieuse et son nouveau nom. Elle s'appelle désormais Thérèse de l'Enfant Jésus et de la Sainte Face. Mais à 23 ans, elle tombe gravement malade. Elle ne peut plus se lever, elle doit rester à l'infirmerie. Pourtant, elle garde une joie étonnante grâce à Dieu. Le 30 septembre 1897, Thérèse meurt.

Thérèse a écrit ses souvenirs dans un cahier. Après sa mort, sa sœur les publie dans un livre « *Histoire d'une âme* ». Grâce à ce livre, beaucoup de gens ont compris que Dieu les aimait. Thérèse a été déclarée sainte en 1925. Elle, qui s'adressait avec amour et simplicité aux blessés de la vie, a été nommée Docteur de l'Église.

Thérèse à 8 ans

Thérèse et ses sœurs au Carmel de Lisieux

Thérèse Martin

Psaume 130

1 Seigneur, je n'ai pas le cœur fier
ni le regard ambitieux ;
je ne poursuis ni grands desseins,
ni merveilles qui me dépassent.
2 Non, mais je tiens mon âme
égale et silencieuse ;
mon âme est en moi comme un enfant,
comme un petit enfant contre sa mère.
3 Attends le Seigneur, Israël,
maintenant et à jamais.

Magnificat

Mon âme exalte le Seigneur,
exulte mon esprit en Dieu, mon Sauveur !
Il s'est penché sur son humble servante ;
désormais, tous les âges me diront bienheureuse.
Le Puissant fit pour moi des merveilles ;
Saint est son nom !
Son amour s'étend d'âge en âge
sur ceux qui le craignent ;
Déployant la force de son bras,
il disperse les superbes.
Il renverse les puissants de leurs trônes,
il élève les humbles.
Il comble de biens les affamés,
renvoie les riches les mains vides.
Il relève Israël, son serviteur,
il se souvient de son amour,
de la promesse faite à nos pères,
en faveur d'Abraham et de sa race, à jamais.

Gloire à Dieu

Gloire à Dieu, au plus haut des cieux,
Et paix sur la terre aux hommes qu'il aime.
Nous te louons, nous te bénissons,
nous t'adorons,
Nous te glorifions, nous te rendons grâce,
pour ton immense gloire,
Seigneur Dieu, Roi du ciel,
Dieu le Père tout-puissant.
Seigneur, Fils unique, Jésus Christ,
Seigneur Dieu, Agneau de Dieu,
le Fils du Père ;
Toi qui enlèves le péché du monde,
prends pitié de nous ;
Toi qui enlèves le péché du monde,
reçois notre prière ;
Toi qui es assis à la droite du Père,
prends pitié de nous.
Car toi seul es saint,
Toi seul es Seigneur,
Toi seul es le Très-Haut :
Jésus Christ, avec le Saint-Esprit
Dans la gloire de Dieu le Père. Amen.

PAROLES ET MUSIQUE : SOPHIE ET JEAN-YVES GALL

Quand tu seras grand

Refrain

On est toujours le petit de quelqu'un,
On est toujours le grand d'un autre.
C'est une rencontre, une poignée de main,
Qui fait de ta vie un chemin.

1

On m'a dit souvent : « Quand tu seras grand,
Tu pourras faire tout ce que tu voudras ».
Mais moi je veux vivre au présent,
Sans attendre d'être un géant,
À temps et à contretemps.

2

On m'a dit souvent : « Quand tu seras grand,
Tu auras le pouvoir et la loi ».
Mais moi je veux être libre,
Comme les hommes qui parcourent les mers,
Sur leurs voiliers, solitaires.

3

On m'a dit souvent : « Quand tu seras grand,
Tu construiras des cités fortifiées ».
Mais moi, je veux vivre au grand air,
Pour écouter respirer la terre,
« Ne tuez pas les forêts ».

Comme lui

Refrain
Comme lui,
Savoir dresser la table,
Comme lui,
Nouer le tablier,
Se lever chaque jour
Et servir par amour,
Comme lui.

1
Offrir le pain de sa Parole
Aux gens qui ont faim de bonheur.
Être pour eux
Des signes du Royaume,
Au milieu de notre monde.

2
Offrir le pain de sa présence
Aux gens qui ont faim d'être aimés.
Être pour eux
Des signes d'espérance,
Au milieu de notre monde.

3
Offrir le pain de sa promesse
Aux gens qui ont faim d'avenir.
Être pour eux
Des signes de tendresse,
Au milieu de notre monde.

4
Offrir le pain de chaque Cène
Aux gens qui ont faim dans leur cœur.
Être pour eux
Des signes d'Évangile,
Au milieu de notre monde.

La messe chrismale

Geste de toujours, l'onction est reçue aujourd'hui par les chrétiens dans les sacrements.

L'huile des malades est apportée par des personnes qui visitent des malades avant d'être bénite par l'évêque.

La messe chrismale reçoit cette appellation parce que c'est au cours de cette célébration que le saint-chrême est consacré. Cette huile servira pour les baptêmes de Pâques puis tout au long de l'année pour les sacrements du baptême, de la confirmation et de l'ordre.

Avec le saint-chrême, deux autres huiles sont bénites : l'huile des catéchumènes qui sert dans les célébrations préparatoires au baptême, surtout pour les adultes ou les enfants déjà grands ; et l'huile des malades qui sert dans la célébration du sacrement des malades.

Bénédiction des amphores contenant l'huile des malades, l'huile des catéchumènes et le saint-chrême.

Les sacrements

Onction avec le saint-chrême

Par le baptême, Dieu donne sa vie à celui ou celle qui l'accueille comme Père. Il adopte le baptisé quel que soit son âge, comme son enfant et Jésus devient notre frère aîné.

La confirmation fait du chrétien, un adulte dans la foi, envoyé par le Christ.

« Sois marqué de l'Esprit Saint, le don de Dieu. »

Onction avec l'huile des malades

Contre la solitude et la souffrance, l'onction des malades est force du Christ et signe de fraternité pour traverser l'épreuve.

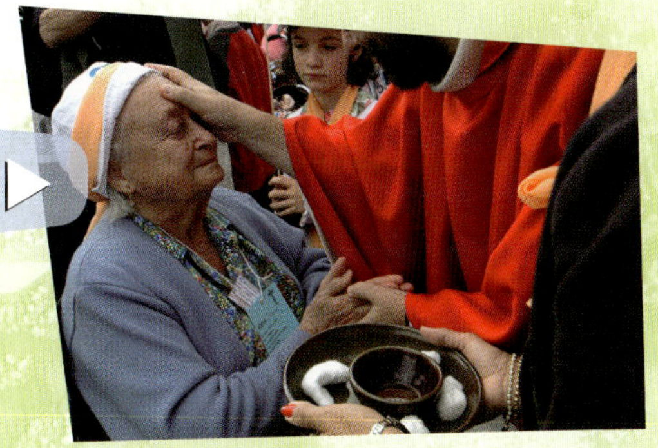

Dieu ne regarde pas les apparences mais le cœur

« Dieu ne regarde pas les apparences mais le cœur. » Ce beau choix de Dieu, combien il nous touche, nous les parents ! Comme nous voudrions savoir le mettre en pratique auprès de nos enfants… Regardons les rubriques « Ça me pose question » et « Ça me fait vivre » pp. 2-3 et 12-13. Ne retrouvons-nous pas un peu notre enfant ?… et peut-être aussi nous-mêmes !

Dieu donne sa confiance à David

Relisons l'histoire de David et voyons comment s'opère le choix de Dieu. Étonnant !
Dieu donne sa confiance à David, ce jeune berger. Il lui donne aussi la force de combattre le géant Goliath. Surprenant ! Rubrique « Bible ouverte » pp. 4-7.

Savons-nous donner à nos enfants la confiance et la force nécessaires pour grandir, se construire ? Ce n'est pas toujours facile… Adultes nous sommes, mais fragiles aussi ! Nous le savons bien. Le chant proposé dans le livret exprime cela pour tous les âges ! « On est toujours le petit de quelqu'un, on est toujours le grand d'un autre ». Rubrique « À pleine voix » pp. 20-21.

On est toujours le petit de quelqu'un…

Dieu nous accompagne, comme il l'a fait pour David. Nous pouvons, par la prière, lui dire nos joies, nos peines, nos révoltes, nos cris. Les psaumes peuvent nous y aider.
Dieu nous a envoyé son Fils, le Messie ; là où tous attendaient un grand roi puissant comme David, un nouveau-né dans une mangeoire a pris notre humanité, en toute humilité. De plus en plus étonnant ce choix du tout-petit !
Les bergers, pauvres parmi les pauvres, ont reçu la Bonne Nouvelle en premier. Quelle belle surprise pour ces hommes exclus de la société de l'époque !

Dieu nous a envoyé son Fils, le Messie...

... comme celui qui sert...

Jésus, devenu homme, est resté attentif et proche des petits, des malades, des pauvres, des exclus ; Jésus se tient au milieu des hommes comme celui qui sert et nous invite à faire de même. Lc 22,24-27 rubrique « **Bible ouverte** » pp. 10-11.
Comment répondre à cette invitation ?
À chacun d'y réfléchir !

Sacrifice (p. 4)

Autrefois les juifs tuaient des animaux pour les offrir à Dieu. Ainsi ils le remerciaient ou lui demandaient pardon. Ils fortifiaient leur union avec Dieu par ce sacrifice. Quand le temple de Jérusalem sera construit, ce sera le lieu des sacrifices.

Onction (p. 5)

C'est un geste qui montre qu'une personne est consacrée à Dieu. Pour cela on lui met de l'huile parfumée sur la peau.

Psaume (p. 14)

Prière ou chant religieux écrit sous la forme d'un poème. Dans la bible, il y a un livre entier de psaumes. On en attribue la plupart à David.